Mandala
terapeutyczna

Nasze Wzory Mandali spowodują, że:

- odprężysz się i zrelaksujesz,
- uspokoisz myśli,
- uruchomisz wyobraźnię,
- pobudzisz kreatywność,
- poprawisz koncentrację.

Do dzieła! Stwórz niepowtarzalne kompozycje!